Bruno Barbieri

Tajine *italienisch*

Mediterran genießen
mit neuen Rezepten

Einführung

Mit »Tajine« verbinden die meisten eine für uns noch exotisch anmutende Küche. Tatsächlich lässt sich aber mit dieser Kochtechnik weit mehr zubereiten, als die traditionell nordafrikanischen oder marokkanischen Gerichte, aus deren Umfeld sie stammt. Wie beim Wok, einem weiteren Kochgerät aus einer anderen Küchentradition, muss man sich nur mit dem Objekt vertraut machen, um es bald schätzen zu lernen. Mit dessen Gebrauch schwindet dieses vage Gefühl, das man empfindet, wenn »fremde Gegenstände« in der Küche sind – und auf einmal entdeckt man, dass eine Tajine sich auf mannigfaltige Art verwenden lässt. Auch die bei uns geschätzten italienischen Rezepte mit ihren frischen Zutaten sind dafür wie geschaffen. Die Tajine kann sehr bald zum Inbegriff einer speziellen Geselligkeit werden, die ein aus einem gemeinsamen Topf genossenes Mahl mit sich bringt. Da sie auch als Gegenstand attraktiv ist, wäre es schade, sie aufs oberste Fach im Küchenschrank zu verbannen. Der Platz einer Tajine ist in der gelebten, täglichen Küche.

Bevor wir uns dieses spezielle Kochinstrument zu eigen machen, hier ein paar wichtige Grundinformationen. Der Begriff »Tajine« – ein Wort berberischen Ursprungs – bezieht sich einerseits auf das Kochgefäß, andererseits auf das Gericht, das darin zubereitet wird.

Sie besteht aus zwei Teilen: einem Unterteil, das aussieht wie ein runder Teller mit hohem Rand und das auch zum Servieren verwendet werden kann, und einem konischen Deckel, dessen Form das Zurückführen des Kondenswassers auf die garenden Speisen begünstigt.

Da der Dampf unter dem Deckel eingeschlossen ist, bewahrt die Tajine die Aromen und nützt den Dampf während des Kochens. Heute gibt es Tajines in verschiedenen Materialien, aber die feuerfest glasierte Keramik ist die praktischste. Als Gericht hat die Tajine keine festgelegte Identität und kann leicht mit der bzw. den Hauptzutaten, die darin gekocht werden, benannt werden: Lamm-Tajine, Tajine mit Hackfleischbällchen etc.

Die traditionelle Tajine-Küche arbeitet mit langen Kochzeiten bei niedrigen Temperaturen. Eine Herangehensweise sieht sogar vor, dass die Zutaten, wenn sie erst einmal dekorativ »eingeschichtet« sind, bis zum Ende der Kochzeit nicht mehr gestört werden dürfen. Rezepte nordafrikanischer Prägung tendieren eher zu dieser Methode, sei es aus Tradition (die Tajines früherer Epochen wurden auf Holzkohlenglut gekocht), sei es mit Rücksicht auf die verwendeten Zutaten (keine sonderlich hochwertigen Fleischstücke). Dieses langsame Garen im eigenen Saft, benetzt durch den Dampf, der sich im Innern des Gefäßes bildet, erinnert stark an das bei uns bekannte Schmoren oder auch an das Garen in der Daube. Tatsächlich sind Tajines hervorragend geeignet für jedes Gericht, das traditionell geschmort oder gedünstet wird. Wer Zeit hat, kann sicherlich von den Vorteilen des Niedrig-Temperatur-Garens mit entsprechend langen Kochzeiten profitieren, aber das Interessante ist, dass die Zubereitung in der Tajine nicht darauf beschränkt ist.

Die folgenden Rezepte zeigen die enorme Vielseitigkeit der Tajine. Durch die Kombination verschiedener Kochmethoden, die den Dampf mehr oder weniger nutzen, und durch einen Wechsel der Reihenfolge, in der die einzelnen Zutaten in die Tajine gegeben werden, kann man Ergebnisse erzielen, die sich von dem, was man sich sonst unter traditionell gedünsteten oder geschmorten Gerichten vorstellt, durchaus unterscheiden. Zudem bietet das geräumige Unterteil der Tajine auch Platz für flüssige Zubereitungen, sodass man darin sogar Suppen und Vorspeisen kreieren kann. Mit einer Form, die ein schickes Design hat und inzwischen in vielen Farben erhältlich ist, kann die Tajine direkt zum Servieren auf den Tisch kommen – ein Detail, das vielen gefallen wird.

Jedem seine Tajine

Es gibt inzwischen einige Anbieter von Tajines, wobei auch hier – wie bei Woks – große Unterschiede in der Qualität bestehen. Wir haben in unserer täglichen Küchenpraxis die besten Erfahrungen mit Tajines von Emile Henry aus Flame®-Keramik gemacht, die besonders hitzeresistent sind. Sie können im Backofen, direkt auf der Gasflamme, auf elektrischen Kochplatten und auf Glaskeramik- oder Halogenkochfeldern eingesetzt werden. Für Induktionsherde bedarf es einer Adapterplatte. Bei Glaskeramik- und Halogenkochfeldern ist zu empfehlen, die Temperatur nur stufenweise zu steigern und maximal mit halber Hitzeeinstellung zu arbeiten (was die in den Rezepten angegebenen Kochzeiten etwas verlängern kann). Das einzige, was man wirklich nie tun darf, ist, eine Tajine zu erhitzen, wenn sie leer ist, oder eine kalte Tajine auf eine heiße Herdplatte zu stellen!

Beim Kochen dehnt sich die Tajine leicht aus, wodurch ein charakteristisches Netz von Haarrissen in der feuerfesten Glasierung entsteht. Das ist kein Fehler, sondern ein Beweis dafür, dass das Material korrekt auf die starken Temperaturwechsel reagiert, also ein Zeichen für Widerstandsfähigkeit und Langlebigkeit. Die besondere Glasur bei Qualitätstajines ist schnittfest und sehr

leicht zu reinigen. Diese Tajines können von Hand oder im Geschirrspüler gereinigt werden, und sollten einmal Reste hängen bleiben oder gar angebrannt sein, kann man sie gut mit heißem Wasser einweichen.

Bevor eine Tajine zum ersten Mal benützt wird, empfiehlt es sich, sie einzukochen. In glasierte Tajines so viel Milch hineingießen, bis der Boden bedeckt ist. Die Milch darin zum Kochen bringen, dann beiseite stellen und abkühlen lassen. Unglasierte Tajines müssen wegen der poröseren Oberfläche aufwendiger vorbehandelt werden (einweichen, einkochen, einölen etc.). Nach dem Einkochen ist die Tajine einsatzbereit, um herrliche aromatische Gerichte zuzubereiten, bei denen die einzelnen Geschmackskomponenten bewahrt werden.

Für jeden gibt es Tajines in geeigneter Größe: die Serie von Emile Henry bietet beispielsweise drei Standardgrößen (Ø 25, 32 oder 35 cm). Vom Abendessen zu zweit bis zur Einladung mit vielen Gästen – für jeden Bedarf gibt es eine Tajine.

Tipps & Tricks vom Küchenchef

Ein Gerät – verschiedene Ergebnisse

Sowohl in der italienischen als auch in anderen Küchen der Welt werden Fleisch und Geflügel oft angebraten, bevor sie mit mehr Flüssigkeit weitergekocht werden. Das Ergebnis ist eine komplexe Konsistenz von zarten Fleischbrocken mit einer knusprigeren, etwas dunkleren Oberfläche. Viele Rezepte dieses Buches verwenden diese Technik und kommen damit unserem gewohnten Geschmack möglichst nahe. Doch das muss nicht sein, denn in der nordafrikanischen Küche, der Heimat der Tajine, kommt es oft vor, dass dieselben Zutaten ohne Anbraten in die Tajine gegeben und auch längeren Kochzeiten ausgesetzt werden. Dies geschieht vor allem aus zwei Gründen: sowohl der Verwendung von Fleisch in anderer Qualität oder von anderem Zuschnitt, als auch der Notwendigkeit, ein extrem zartes Gericht herzustellen, das auch ohne Besteck zerteilt und gegessen werden kann.

In ein und derselben Tajine kann Fleisch und Geflügel unterschiedlich zubereitet werden. Wer eher ein Gericht mit »europäischem« Aussehen und Geschmack herstellen will, fügt nach dem Anbraten des Hauptbestandteils andere Zutaten zeitlich gestaffelt hinzu, so dass man die Konsistenz des fertigen Gerichts besser kontrollieren und die einzelnen Bestandteile darin unterscheiden kann. Möchte man hingegen ein eher sämiges Gericht erhalten, kann man alle Bestandteile mehr oder weniger gleichzeitig in die Tajine geben und die Garzeit in die Länge ziehen. Für Fisch, Schal- und Krustentiere sind jedoch immer kurze Kochzeiten ratsam, um Aromen, Geschmack und Konsistenz zu erhalten.

Auf geeignete Feuchtigkeit im Inneren der Tajine achten

Dieses Kochgefäß darf niemals trocken kochen. Angesichts der sehr unterschiedlichen Zutaten ist es schwierig, die Flüssigkeitsmengen (für Wasser, Brühe etc.) exakt anzugeben, die man beim Kochen zugießen muss. Zumal die Tajine nicht hermetisch schließt und es dadurch unvermeidlich ist, dass ein Teil des beim Kochen entstehenden Dampfs entweicht. Aus diesem Grund sollte man die Gerichte regelmäßig kontrollieren, um sicherzustellen, dass sie nicht zu sehr austrocknen.

Das Gericht in der Tajine gart weiter

Auch wenn die Form bereits vom Herd genommen wurde, speichert Keramik Flame® die Hitze und gibt sie weiter an die Lebensmittel ab. Vor allem bei Gerichten mit kürzeren Garzeiten ist dies zu berücksichtigen.

Die Tajine zum Servieren

Als Gericht für eine gesellige Runde kann man die Tajine vom Herd direkt auf den Tisch bringen. Achten Sie jedoch auf einen geeigneten Untersetzer, um empfindliche Tischoberflächen vor der gespeicherten Hitze zu schützen. Auch das Gericht ist nach einigen Minuten noch immer sehr heiß …

Reis

Fregula

Maisgrieß

Pasta

Nicht nur Couscous

Die Beilagen für Tajinegerichte können vielfältig sein: vom traditionellen Couscous bis zum Reis, von der Fregula (siehe Seite 10) bis zur Pasta oder Polenta.

Couscous

Gemüsesuppe mit Tortelli

Zubereitung: 45 Minuten
Ruhezeit: 1 Stunde
Garzeit: 10–15 Minuten

Teigtaschen
200 g Weizenmehl,
   Type 405
1–2 Pr. Salz
2 Eier
1 kleiner, runder Kopf
   Radicchio
Olivenöl
1 kleine Zwiebel,
   geschält und fein
   gewürfelt
50 g geräucherter
   Bauchspeck, in Würfel
   geschnitten
50 g Parmesan, frisch
   gerieben

Gemüsesuppe
4 kleine Steinpilze
1 Handvoll Spinat
4 kleine Tomaten
4 kleine Kohlrabis
3 Zucchini
1 Stange Staudensellerie
1 dicke Karotte
ca. 1 l Gemüsebrühe
4 kleine Eier
natives Olivenöl
Parmesan, frisch
   gerieben

Tortelli mit Radicchio

Das Mehl auf einer Arbeitsfläche ausstreuen, die Eier einarbeiten und das Ganze kräftig durchkneten, bis ein glatter, seidiger Teig entsteht. Bei Bedarf etwas warmes Wasser dazugeben. Den Teig zu einer Kugel formen, in Frischhaltefolie einschlagen und eine Stunde an einem kühlen Ort ruhen lassen.

Den Radicchio abblättern, waschen und die Blätter in einer Salatschleuder trocknen.

Etwas Olivenöl in der Tajine erhitzen, die gehackte Zwiebel darin anbraten, den Bauchspeck und den Radicchio hinzufügen. Etwa zehn Minuten bei schwacher Flamme köcheln.

Die Radicchio-Mischung auf ein Brett geben, mit dem Messer klein hacken und den geriebenen Parmesan gut untermischen. Die Tajineform beiseite stellen und die Füllung bis zu ihrer Verwendung kühl stellen.

Den vorbereiteten Teig dünn ausrollen. Mit einem Teigrädchen Rondellen von 4–5 cm Ø ausschneiden und jeweils etwas von der Radicchio-Masse darauf setzen. Die Tortelli zu Halbmonden falten und die Ränder mit den Zinken einer Gabel fest andrücken.

Gemüsesuppe

Die Pilze und den Spinat sorgfältig putzen. Von den Pilzen Reste von Erde mit einer kleinen Bürste entfernen.

Kohlrabi und Karotte bei Bedarf schälen und das Gemüse in mundgerechte Stücke schneiden. Von den Tomaten den Strunk entfernen. Wenn die Steinpilze klein sind, kann ihr Hut ganz bleiben.

In die beiseite gestellte Tajine das ganze Gemüse hinein geben. Mit Gemüsebrühe bedecken und bei geschlossenem Deckel etwa zehn Minuten bei schwacher Hitze kochen, sodass das Gemüse noch bissfest ist.

Kurz vor Ende der Kochzeit die Eier vorsichtig hineinschlagen, dann die Tortelli hineingeben und zu Ende kochen.

Die Gemüsesuppe in kleinen Schalen anrichten, mit wenigen Tropfen hochwertigen Olivenöls beträufeln und mit etwas Parmesan bestreuen.

Tajine mit Fregula, Auberginen, Kräutern und Mozzarella

2 mittlere Auberginen
Olivenöl
3–4 Knoblauchzehen,
    geschält und
    durchgepresst
einige Basilikumblätter
400 g Fregula*,
    alternativ: Bulgur
12 getrocknete Tomaten
2 Mozzarella (à 125 g),
    in Scheiben geschnitten
1/2 l Gemüsebrühe
natives Olivenöl
Salz und Pfeffer
Oregano und Thymian,
    gerebelt

Die Auberginen in kleine Würfel schneiden, mit dem Knoblauch und etwas Olivenöl in einer Bratpfanne anbraten, Basilikum dazugeben und beiseite stellen.

Etwas Olivenöl in der Tajine erhitzen, die Fregula oder den Bulgur darin leicht anrösten, die Gemüsebrühe hinzugießen und den Deckel aufsetzen. Bei schwacher Hitze etwa 15 Minuten kochen lassen, dabei häufig umrühren (wie bei einem Risotto). Falls nötig, Brühe nachgießen, um sicherzustellen, dass die Körnchen nicht trocken werden. Wenn die Beilage fertig ist, sollte sie die gleiche Konsistenz wie ein Risotto haben.

Die Tajine vom Herd nehmen und die Fregula mit den gebratenen Auberginen und etwas kaltgepresstem Olivenöl mischen, mit Salz und Pfeffer abschmecken. Mit den getrockneten Tomaten garnieren, Mozzarellascheiben auflegen und die Kräuter darüber streuen. Den Deckel wieder auflegen und solange zugedeckt lassen, bis die Restwärme in der Tajine den Mozzarella schmelzen lässt.

Noch heiß in vorgewärmten tiefen Tellern servieren.

Fregula ist eine Spezialität aus Sardinien. Die kleine Teigware aus Grieß erinnert an Bulgur.

Tomatensuppe
mit Brotgnocchi und Basilikum

Brotgnocchi
250 g Weißbrot vom
  Vortag, gerieben
100 g Parmesan,
  frisch gerieben
50 g Butter,
  geschmolzen
125 ml Gemüsebrühe
2 Eier
1 Knoblauchzehe
Petersilienblätter,
  gehackt
Salz und Pfeffer

Tomatensuppe
Olivenöl
1 Knoblauchzehe,
  geschält
4 reife Tomaten,
  gehäutet und entkernt
wenige Basilikumblätter
1 Prise Zucker
250 ml Gemüsebrühe
Salz und Pfeffer
1 Msp. Chilipulver

Pecorino, frisch
  gerieben

Brotgnocchi

Das geriebene Brot mit dem Parmesan vermischen. Die geschmolzene Butter, die fein gehackte Knoblauchzehe und die Petersilie hinzufügen. Salzen und pfeffern und gut verrühren. Die kochende Gemüsebrühe dazugießen, erneut mischen, etwas abkühlen lassen und zum Schluss die Eier einarbeiten. Das Ganze zu einem homogenen, eher weichen Teig verkneten. Sollte er nicht die richtige Konsistenz haben, noch etwas heiße Brühe nachgießen.

Kleine Kugeln formen und diesen eine leicht längliche Form geben. Diese Spezialität wird in der Lombardei und im Tessin »Capunsei« genannt.

Tomatensuppe

Etwas Olivenöl in der Tajine erhitzen, die Knoblauchzehe, die in Würfelchen geschnittenen Tomaten, das Basilikum, eine Prise Zucker und die Gemüsebrühe dazugeben. Mit Salz, Pfeffer und Chilipulver würzen. Den Deckel auf die Tajine setzen und ca. zehn Minuten kochen. Die Tomatensuppe sollte danach ziemlich flüssig sein. Die Gnocchi darin verteilen, den Deckel schließen und nochmals zwei bis drei Minuten köcheln.

Die »Capunsei« mit der Tomatensuppe servieren und geriebenen Pecorino darüberstreuen.

Erbsensuppe
mit Pastaquadraten

1 Schalotte, geschält
2 Scheiben gekochter
   Schinken
Olivenöl
500 g frische Erbsen,
   ausgepalt
1 l Gemüsebrühe
Salz und Pfeffer
120 g frischer Nudelteig,
   dünn ausgewellt und in
   Quadrate geschnitten
natives Olivenöl
100 g mittelalter
   Pecorino

Die Schalotte und den Schinken klein hacken.

Etwas Olivenöl in der Tajine erhitzen, den Schinken mit der Schalotte darin anbraten. 400 g der Erbsen hinzufügen, mit der Gemüsebrühe aufgießen, salzen, pfeffern und mit aufgelegtem Deckel 15 Minuten kochen.

Die restlichen Erbsen in gesalzenem Wasser weich kochen und abgießen. Die Erbsen mit einer Messerspitze leicht einschneiden und schälen. Mit kaltgepresstem Olivenöl, Salz und Pfeffer würzen und warm stellen.

Mit einem kleinen Pürierstab oder im Mixer die in der Tajine gekochten Erbsen mit der Brühe durchmixen. Wieder zurück in die Tajine gießen, die Pastaquadrate hinein geben, den Deckel schließen und die »Quadrucci« darin bissfest garen (ca. vier bis sechs Minuten).

Zum Schluss die beiseite gestellten geschälten Erbsen hinzufügen und die Suppe heiß in der Tajine servieren. Mit einigen Tropfen guten Olivenöls und geriebenem Pecorino abrunden.

Muschel-Tajine
mit Bohnen und breiten Nudeln

Zubereitung: 12 Stunden
Einweichzeit für die Boh-
nen; 3–4 Stunden, um die
Muscheln zu wässern und
zu reinigen
Garzeit: 40 Minuten

500 g gemischte
  getrocknete Bohnen,
  zu gleichen Anteilen
  und nach Geschmack,
  z. B. Borlotti, schwarze
  Bohnen, Zolfini-
  Bohnen, Cocobohnen,
  Spellobohnen,
  Cannellinibohnen
1 kleiner Rosmarinzweig

1 kg gemischte Muscheln:
  Venusmuscheln,
  Herzmuscheln und
  Miesmuscheln

Olivenöl
1 Knoblauchzehe, geschält
  und durchgepresst
1 Bund glattblättrige
  Petersilie, Blätter fein
  gehackt
50 g Bauchspeck, gewürfelt
50 g gekochter Schinken,
  gewürfelt
2 Romatomaten, gehäutet
  und gewürfelt
ca. $\frac{1}{2}$ l Gemüsebrühe
200 g breite Eiernudeln
  (»Maltagliati«), in Stücke
  gebrochen
einige Thymianzweige
natives Olivenöl

Alle Bohnen zwölf Stunden in kaltem Wasser einweichen, dann abgießen und in einen großen Topf mit kaltem Wasser und Rosmarinzweig geben. Aufkochen und ca. 30 Minuten weiterköcheln. Die
Bohnen dürfen nur knapp bissfest sein, da sie anschließend in der
Tajine noch weitergekocht werden.

Die Muscheln nach Sorten getrennt in kaltes Salzwasser legen. Bei
den Miesmuscheln mit einem kleinen Messer oder einer harten
Bürste die Muschelschalen säubern, eventuelle Rückstände entfernen und entbarten. Herz- und Venusmuscheln müssen länger gewässert werden, um den ganzen Sand aus den Schalen zu waschen.
Dabei das Wasser mehrmals wechseln und die Muscheln ab und zu
mit den Händen hochheben und leicht gegeneinander stoßen.

In der Tajine etwas Olivenöl erhitzen und den Knoblauch mit der
Petersilie anbraten. Den Bauchspeck, den Schinken, die gewürfelten
Tomaten und die abgegossenen Bohnen hinzufügen. Soviel Gemüsebrühe dazugießen, dass alle Zutaten bedeckt sind. Den Deckel auflegen und das Ganze fünf Minuten kochen.

Die Nudelstücke und alle abgegossenen Muscheln in der Tajine verteilen und mit geschlossenem Deckel einige Minuten zu Ende kochen, bis sich die Muscheln geöffnet haben und die Pasta »al dente«
gegart ist. Geschlossene Muscheln entfernen und wegwerfen.

Tajine etwas abkühlen lassen, Thymianblättchen darüber streuen,
mit gutem Olivenöl abrunden und bei Zimmertemperatur servieren.

Zubereitung: 3 Tage
Einweichzeit für den
Klippfisch; 3–4 Stunden
für die Polenta
Garzeit: 1 Stunde

Klippfisch-Tajine
mit gebratener Polenta

ca. 1 kg Klippfisch*
5–6 Staudensellerie-
  Blätter
½ Bund Petersilie
4–5 schwarze
  Pfefferkörner
1 Bio-Zitrone, Schale
  unbehandelt
Olivenöl
1 Zwiebel, geschält
  und in Würfeln
1 kleine Dose
  Pizzatomaten
Salz und Pfeffer
einige Thymianzweige

500 g Polenta-Maisgrieß
Wasser je nach
  Kochanleitung
Salz
Sonnenblumenöl

Den Fisch drei Tage in kaltem Wasser einweichen, das Wasser dabei mehrmals wechseln.

In einen großen Kochtopf den Klippfisch mit Sellerieblättern, Petersilie und Pfefferkörnern geben, zuletzt die in Scheiben geschnittene Zitrone dazugeben. So viel Wasser dazugießen, bis alles bedeckt ist, zum Kochen bringen und bei mäßiger Hitze ca. 15 Minuten kochen. Den Klippfisch mit einem Schaumlöffel ohne Gewürze, Kräuter und Zitrone aus der Garflüssigkeit heben, abkühlen lassen, häuten, entgräten und auseinanderzupfen.

In der Zwischenzeit eine Polenta mit fester Konsistenz zubereiten. Auf einem leicht geölten Blech dick ausstreichen, abkühlen lassen und in Würfel schneiden.

In der Tajine die Zwiebelwürfel mit etwas Olivenöl anbraten. Den Fisch und die Pizzatomaten hinzufügen. Mit Salz und Pfeffer abschmecken, die Thymianzweige einlegen, den Deckel aufsetzen und bei schwacher Hitze ca. 45 Minuten köcheln. Darauf achten, dass der Fisch nicht zu sehr austrocknet.

Wenn der Fisch fast fertig ist, in einer Bratpfanne die Polentawürfel in reichlich Sonnenblumenöl knusprig anbraten. Überschüssiges Fett auf Küchenpapier abtropfen lassen.

Den Fisch mit der Polenta garniert servieren. Nach Belieben Basilikumblättchen oder eine »Salsa verde« aus Kapern, Sardellen, Knoblauch, Petersilie und kaltgepresstem Olivenöl dazu reichen.

---

* *Klippfisch* ist gesalzener und getrockneter Fisch (in Italien »stoccafisso« genannt), meist Kabeljau, und muss vor seiner Verwendung gewässert werden (im Gegensatz dazu Stockfisch, italienisch »baccalà«, der nur getrocknet, aber ungesalzen ist).

Aromatische Fisch- und Meeresfrüchte-Tajine

Zubereitung: 3–4 Stunden, um die Muscheln zu wässern und zu reinigen; 40 Minuten für den Rest
Garzeit: 14 Minuten

2 Seezungen
(à 350–400 g)
2 Meerbarben
(à 100–120 g)
4 Jakobsmuscheln
4 Riesengarnelen
4 Scampi
4 große Garnelen
16 Miesmuscheln
24 Venusmuscheln
4–6 Kirschtomaten
1 kleine rote Zwiebel
einige Staudensellerie-Blätter
1 Bund Petersilie, grob gehackt
frischer Oregano
1 Pr. Safran
1 Pr. Kurkuma
250 ml Gemüsebrühe
Olivenöl
Salz und Pfeffer

Die Seezungen und bei Bedarf auch die Meerbarben filetieren (dies erleichtert hinterher den Genuss bei Tisch).
Die Jakobsmuscheln öffnen und das Muschelfleisch herausnehmen.
Die Krustentiere schälen, die Köpfe und Schwänze dranlassen und den Darmfaden der Garnelen, Riesengarnelen und Scampi entfernen.

In separaten Gefäßen die Miesmuscheln und die Venusmuscheln in kaltes Salzwasser legen. Bei den Miesmuscheln mit einem kleinen Messer oder einer harten Bürste die Muschelschalen säubern, eventuelle Rückstände entfernen und die Muscheln entbarten.
Venusmuscheln müssen länger gewässert werden, um den ganzen Sand aus den Schalen zu waschen. Dabei das Wasser mehrmals wechseln und die Muscheln ab und zu mit den Händen hochheben und leicht gegeneinander stoßen.

Die Kirschtomaten waschen, die Zwiebel schälen und in dünne Spalten schneiden. Die Petersilie und die Sellerieblätter waschen und fein hacken.
Etwas Olivenöl in die Tajine geben und Tomaten, Zwiebel, Sellerieblätter, Petersilie, Oregano, Safran und Kurkuma hinzufügen. Wenig Gemüsebrühe angießen, mit Salz und Pfeffer abschmecken und bei kleiner Flamme etwa fünf bis sieben Minuten kochen.

Zuerst die filetierten Fische, anschließend die Krustentiere und zuletzt die Muscheln (ohne Jakobsmuscheln) in die Tajine legen. Salzen, pfeffern und den Deckel aufsetzen. Noch ein paar Minuten kochen, dann die Jakobsmuscheln hinzufügen. Die Tajine vom Herd nehmen und den Deckel geschlossen lassen. Der sich nun im Inneren der Tajine bildende Dampf gart das Gericht fertig (ca. fünf bis sechs Minuten).

Nach Belieben Wildreis als Beilage dazu servieren.

Stockfisch-Tajine mit Oliven

Olivenöl
1 Bund Petersilie
1 große rote Zwiebel,
  geschält
800 g eingeweichter
  Stockfisch aus dem
  Mittelstück, gehäutet
  und in Scheiben
1/2 Zitrone, Saft
etwas Wasser
2 Kartoffeln
150 g kleine, schwarze
  aromatische Oliven
  (z. B. Taggiasca-
  Oliven)
2 Knoblauchzehen,
  geschält und blättrig
  geschnitten
2 kleine Rosmarin-
  zweige
1 EL Kapern, in
  Salz eingelegt
  (in italienischen
  Feinkostläden
  erhältlich)
1/2 Bio-Orange,
  Schale unbehandelt

In der Tajine Olivenöl, die Hälfte der Petersilie und die in Spalten geschnittene Zwiebel erhitzen. Auf kleinster Flamme weiterkochen und nach ein paar Minuten die Stockfischscheiben darauf legen.

Wenig Olivenöl darüber träufeln, den Deckel der Tajine schließen und den Fisch ca. 30 Minuten kochen. Von Zeit zu Zeit mit etwas Wasser, das mit Zitronensaft vermischt wurde, übergießen. Anschließend den Stockfisch mit den Zwiebeln herausnehmen und beiseite stellen. Die Garflüssigkeit abgießen.

Die Kartoffeln schälen und in dünne Scheiben schneiden. Die Kartoffelscheiben kurz mit Wasser überbrausen und mit Küchenkrepp trockentupfen.
Kartoffelscheiben in der Tajine mit etwas Olivenöl, Knoblauch und Rosmarin bei mittlerer Hitze goldbraun braten. Wenn die Scheiben weich sind, den Stockfisch, Zwiebeln, Oliven, Julienne-Streifen von der Orangenschale, Kapern (vorher das Salz abwaschen) und ein paar Petersilienblättchen hinzufügen.
Den Deckel erneut schließen und ein paar Minuten ziehen lassen.

Die Tajine nach Geschmack mit einer leichten Mayonnaise servieren, die mit Zitrusfrüchten aromatisiert wurde.

Moscardini-Tajine
mit Polenta und Kapern

1 kg kleine Moscardini
  (kleine Kraken)
Olivenöl

5 Sardellenfilets,
  in Öl eingelegt
2 Knoblauchzehen,
  geschält
2 EL Kapern, in
  Salz eingelegt
  (in italienischen
  Feinkostläden
  erhältlich)
1 Bund Petersilie
2 reife Tomaten,
  Strunk entfernt
Olivenöl
Salz und Pfeffer
1 Bio-Zitrone,
  Schale unbehandelt

500 g Polenta-Maisgrieß
Wasser je nach
  Kochanleitung
Salz

Die Moscardini säubern, die Eingeweide und Beißwerkzeuge entfernen, die Haut abziehen.

In einer Bratpfanne bei starker Hitze mit etwas Olivenöl anbraten. Den dabei entstandenen Kochfond abgießen und die Moscardini beiseite stellen.

Die Sardellen mit den Knoblauchzehen und den Kapern (vorher das Salz abwaschen) in einem Mörser zerdrücken. Die Petersilie fein hacken und die Tomaten pürieren. Alles in die Tajine geben, etwas Olivenöl darübergießen und bei schwacher Hitze zum Kochen bringen.

Wenn die Mischung gut eingekocht ist, die Moscardini darüber verteilen, salzen, pfeffern und bei geschlossenem Deckel ca. 45 Minuten bei ganz schwacher Hitze weitergaren. Darauf achten, dass die Sauce flüssig bleibt. Das Ergebnis sollte eine dicke aromatische Sauce sein.

Eine cremige Polenta zubereiten und die Moscardini darauf anrichten, die mit geriebener Zitronenschale bestreut werden.

Paprika-Tajine mit Riesengarnelen und grünem Brot

16 Riesengarnelen
2 rote Paprikaschoten
1 gelbe Paprikaschote
1 grüne Paprikaschote
6 getrocknete Tomaten
Olivenöl
1 Knoblauchzehe,
   geschält und
   durchgepresst
einige Thymian-
   zweiglein
Salz und Pfeffer
natives Olivenöl

Grünes Brot
1 kleines Bund
   Basilikum
1 kleines Bund Petersilie
3 Weißbrotscheiben
1 kleine Knoblauchzehe,
   geschält

Die Riesengarnelen schälen, am Rücken entlang einschneiden und den Darmfaden entfernen. Die Köpfe dran lassen und die Krustentiere im Kühlschrank aufbewahren.

Die Paprikaschoten waschen und gut abtrocknen, Stiel, Samen und weiße Trennwände entfernen. Die Schoten in dünne Streifen schneiden. Die getrockneten Tomaten ebenfalls in Streifen schneiden.

Olivenöl in der Tajine erwärmen, Knoblauch, Thymian, Paprika- und Tomatenstreifen dazugeben. Salzen, pfeffern, den Deckel schließen und etwa acht bis zehn Minuten bei mäßiger Hitze kochen.

Die Riesengarnelen salzen und pfeffern, auf den Paprikastreifen anordnen und mit wenig kaltgepresstem Olivenöl übergießen. Den Deckel wieder auflegen und vier bis fünf Minuten weitergaren.

Die Blätter von Basilikum und Petersilie abzupfen. Das Brot, die Knoblauchzehe und die Kräuter in den Mixer geben. Alles kurz durchmixen, die Masse sollte kräftig Grün sein.

Das grüne Brot zuerst auf die Teller streuen, dann die Paprika-Riesengarnelen-Mischung darauf setzen und fein mit kaltgepresstem Olivenöl besprenkeln.

Tintenfisch-Tajine mit Gemüse

8 Kirschtomaten
2 Zucchini
2 Stangen
   Staudensellerie
1 rote Paprikaschote
1 kleine Aubergine
1 Handvoll frische
   Spinatblätter (ca. 30 g)
1 kg küchenfertiger
   Tintenfisch, in feine
   Streifen geschnitten
Olivenöl
1 Knoblauchzehe,
   geschält und fein
   gehackt
1 kleiner Rosmarin-
   zweig, fein gehackt
Salz und Pfeffer
Basilikumblätter
natives Olivenöl

Das Gemüse waschen, putzen und in gleichmäßige mundgerechte Stücke schneiden.

Die Tintenfischstreifen mit Olivenöl, Knoblauch, Rosmarin, Salz und Pfeffer würzen.

In einer Bratpfanne etwas Olivenöl erhitzen und bei starker Hitze die Tintenfischstreifen fünf bis sechs Minuten darin anbraten, bis sie leicht Farbe bekommen. Aus der Pfanne nehmen und beiseite stellen.

In der Tajine das Gemüse in Olivenöl anbraten. Die verschiedenen Gemüsesorten entsprechend ihrer Garzeit in folgender Reihenfolge nacheinander in die Tajine geben: Staudensellerie, Aubergine, Zucchini, Paprika, Kirschtomaten und Spinat. Etwa fünf bis acht Minuten bei mittlerer Hitze kochen. Das Gemüse sollte noch leicht bissfest sein.

Die Tintenfischstreifen und einige Basilikumblätter zum Gemüse in die Tajine geben. Mit etwas kaltgepresstem Olivenöl benetzen, den Deckel schließen und noch ein paar Minuten bei mittlerer Hitze durchziehen lassen, damit die Tintenfische das Gemüsearoma aufnehmen können.

Diese typische Sommertajine kann heiß oder auch bei Zimmertemperatur gegessen werden.

Garnelen-Tajine
mit süßsaurem Gemüse

8 reife Kirschtomaten
1 Zucchini
1 Chicorée
1 rote Paprikaschote
feiner Zucker
1 unbehandelte Limette
frischer Ingwer, geschält
1 Prise Curry
1 Orange, Saft
200 ml Himbeeressig*

16 große Garnelen
Salz und Pfeffer
Maismehl
1 Zwiebel, geschält
1 schwarze Knoblauch-
zehe**
Olivenöl

Tomaten, Zucchini, Chicorée und Paprikaschote waschen und putzen. Das Gemüse bis auf die Tomaten in mundgerechte Stücke schneiden und abwiegen. Dieselbe Menge an feinem Zucker abwiegen und das Gemüse mit dem Zucker in eine Schüssel geben. Limette mit der Schale in feine Würfel schneiden, den Ingwer reiben und mit Curry, Himbeeressig und Orangensaft zum Gemüse geben. Die Schüssel zudecken und das Gemüse ca. vier Stunden marinieren.

Anschließend Gemüse und Marinade in einen Topf geben und ca. zehn Minuten bei mittlerer Hitze kochen, bis die Konsistenz sirupartig wird.

Die Garnelen reinigen (schälen, Kopf- und Schwanzteil sowie Darmfaden entfernen), salzen, pfeffern und in Maismehl wenden.
In der Tajine die in dünne Spalten geschnittene Zwiebel und die ungeschält gepresste Knoblauchzehe in etwas Olivenöl anbraten. Wenn die Zwiebel glasig ist, die Garnelen mit hineinsetzen, den Deckel schließen und ca. fünf Minuten bei schwacher Hitze köcheln.

Das süßsaure Gemüse in kleine Schalen geben, die Garnelen darauf setzen und mit Sesamgrissini servieren.

---

* In der Saison im Sommer weißen Balsamico als Ersatz mit 10 frischen Himbeeren vermixen.
**Knoblauch asiatischen Ursprungs, der fermentiert wurde. Dieser natürliche Vorgang ändert radikal die Farbe des Fruchtfleischs und beeinflusst auch seinen Geschmack: *Schwarzer Knoblauch* ist deutlich süßer, schmeckt nach Soja und getrockneten Früchten.

Oktopus-Tajine mit Orangen und Kapern-Oliven-Couscous

1 mittelgroßer Oktopus
(Krake), ca. 1 ½ kg
1 Stange Staudensellerie
1 Karotte
2 Zwiebeln, geschält
1 Tomate
6–8 schwarze
Pfefferkörner
1 Zitrone, Saft
2 Bio-Orangen,
Schale unbehandelt
Olivenöl
3 Knoblauchzehen,
geschält und
durchgepresst
12 große Kirschtomaten,
halbiert
Petersilienblätter
Basilikumblätter
Salz und Pfeffer

Couscous
¼ l Wasser
100 ml Olivenöl
1 Pr. Salz
200 g Instant-Couscous
50 g Butter
150 g kleine, aromatische
schwarze Oliven (z. B.
Taggiasca-Oliven)
100 g Kapern
(in Salz eingelegt)
Salz und Pfeffer
natives Olivenöl

Am besten den Oktopus vom Fischhändler küchenfertig vorbereiten lassen. Oder ausnehmen, gut unter fließendem Wasser waschen, alle festen Teile wie z. B. das Maul entfernen und die dicke Haut abziehen.

Eine Zwiebel, Karotte, Sellerie und Tomate grob schneiden und in einem Topf mit Wasser, Zitronensaft und Pfefferkörnern zum Kochen bringen. Den Oktopus dazugeben und ca. 45 Minuten mitkochen. Abgießen und ½ l Flüssigkeit aufbewahren. Oktopus gleichmäßig in große Stücke schneiden.

Orangen waschen und in Spalten schneiden. Zweite Zwiebel in feine Scheiben schneiden. Olivenöl in der Tajine erwärmen, Knoblauch und Zwiebel hinzufügen und anschwitzen. Oktopusstücke, ½ l Kochflüssigkeit, Kirschtomatenhälften, Orangenspalten, Petersilien- und fein zerzupfte Basilikumblätter mit in die Tajine geben. Den Deckel auflegen und bei schwacher Hitze noch 20–30 Minuten kochen lassen (je nach Größe des Oktopus). Mit Salz und Pfeffer abschmecken.

Für den Couscous in einer großen Stielkasserole Wasser, Olivenöl und Salz zum Kochen bringen. Stielkasserole vom Herd nehmen und den Couscous vorsichtig einrühren. Zudecken, damit die Couscous-Körnchen durchziehen und die Flüssigkeit aufnehmen können. Etwas Butter hinzufügen, wieder auf den Herd stellen und noch drei bis vier Minuten weiterkochen lassen. Dabei mehrmals mit einer Gabel umrühren, damit der Couscous locker wird.

Zum Schluss die Oliven und die zuvor mit Wasser abgespülten Kapern hinzufügen, nach Geschmack salzen und pfeffern und mit etwas kaltgepresstem Olivenöl überträufeln.

Die Oktopus-Orangen-Tajine mit dem Couscous servieren und nach Geschmack noch Magerjoghurt dazureichen, der mit fein geschnittenem Schnittlauch aromatisiert wurde.

Hähnchen-Tajine mit Endivie

Zubereitung: 15 Minuten
Marinierzeit: 1 Stunde
Garzeit: 1 ¼ Stunden

1 Hähnchen (ca. 1 ½ kg),
in kleine Stücke
geschnitten
150 ml Gin
2 Knoblauchzehen,
geschält
4 EL Gewürzmischung*
1 Zwiebel, geschält
Olivenöl
150 ml Weißwein
Salz und Pfeffer
2 kleine Köpfe Endivie
(Escariol) oder
grünes Fleischkraut
(Herbstzichorie),
in feine Streifen
geschnitten
natives Olivenöl
1 Zitrone, Saft

Die Hähnchenstücke in eine Schüssel legen, mit Gin übergießen, die geschälten Knoblauchzehen hinzufügen und eine Stunde im Kühlschrank marinieren, dabei ab und zu die Stücke wenden. Hähnchen aus der Marinade nehmen, mit Küchenpapier abtrocknen und in der Gewürzmischung wenden, so dass die Stücke rundherum mit der Mischung bedeckt sind.

Die fein geschnittene Zwiebel mit etwas Olivenöl in die kalte Tajine geben, die Hähnchenstücke darauf legen und bei schwacher Hitze und mit geschlossenem Deckel anbraten, bis sie rundherum gebräunt sind. Den Weißwein dazugießen, mit Salz und Pfeffer abschmecken und ca. 75 Minuten garen. Falls die Tajine zu trocken wird, zwischendurch noch etwas Wasser angießen.

Inzwischen die Endivienstreifen kurz in Salzwasser blanchieren und in Eiswasser abschrecken, damit die kräftig grüne Farbe erhalten bleibt. Die Streifen mit einer Mischung aus kaltgepresstem Olivenöl, Zitronensaft und Salz anmachen.

Hähnchenstücke auf den Endivienstreifen servieren und nach Belieben eine aufgerollte Piadina (italienisches dünnes Fladenbrot) oder Ciabattabrot dazu reichen. Auch mit Mangold, statt der Endivie, schmeckt diese Tajine gut.

---

* *Gewürzmischung* bestehend aus gleichen Anteilen von edelsüßem Paprikapulver, Chili- und Currypulver, gemahlenem schwarzem Pfeffer und Kakao.

Perlhuhn-Tajine
mit Trockenfrüchten

1 Karotte
2 Stangen Stauden-
  sellerie
1 Zwiebel, geschält
natives Olivenöl
Salz und Pfeffer
1 Perlhuhn, tranchiert
Olivenöl
12 getrocknete Datteln,
  entkernt
12 getrocknete
  Aprikosen, entkernt
¼ l Lambrusco (oder ein
  anderer, junger und
  fruchtiger Rotwein)
2 EL Honig
Minzblätter

Für die Marinade Karotte, Selleriestangen und Zwiebel in feine Scheiben schneiden, mit dem kaltgepresstem Olivenöl, Salz und Pfeffer gut
vermischen. Die Perlhuhnstücke in eine Schüssel legen, die Marinade
gleichmäßig darüber verteilen, mit Frischhaltefolie abdecken und zwei
Stunden im Kühlschrank marinieren.

Olivenöl in der Tajine erhitzen, die Perlhuhnstücke aus der Marinade
nehmen und in die Tajine legen. Von allen Seiten nicht zu heiß bei mittlerer Hitze anbraten, dann den Deckel auflegen und bei schwacher Hitze
garen. Nach ca. einer Stunde die getrockneten Datteln und Aprikosen
hinzufügen, Lambrusco und Honig darüber verteilen. Kurz vor Ende der
Kochzeit die Minzblätter dazugeben. Sobald sich das Fleisch leicht vom
Knochen der Keule lösen lässt, ist das Perlhuhn fertig.

Das Perlhuhn entweder mit thailändischem Duftreis oder mit Basmati-
reis servieren.

Hähnchen-Tajine
mit karamellisierten Zitrusfrüchten

12 Hähnchenschenkel
Salz und Pfeffer
2 Rosmarinzweige
2–4 Knoblauchzehen
1 große milde rote
    Zwiebel, geschält und
    klein geschnitten
150 ml Weißwein
natives Olivenöl
150 g Rohrohrzucker
2 Orangen
2 Zitronen
1 Grapefruit
1 Limette
½ Ananas, Saft
    (ca. 150 ml)
alter Aceto Balsamico
    di Modena

Hähnchenschenkel mit Wasser abwaschen und mit Küchenpapier trockentupfen. In eine Schüssel legen. Salz, Pfeffer, Rosmarin, ungeschälten Knoblauch und die Zwiebel, den Weißwein und kaltgepresstes Olivenöl dazugeben. Mischen und ca. eine Stunde marinieren. Dann alles in die Tajine geben, den Deckel auflegen und bei geringer Hitze ca. 40 Minuten garen.

In der Zwischenzeit alle Zitrusfrüchte schälen und filetieren* (das Fruchtfleisch dazu vorsichtig von der Haut trennen). Mit dem Rohrohrzucker bestreuen und ca. zwölf Minuten vor Ende der Garzeit zu den Hähnchenschenkeln geben. Zum Schluss den Ananassaft dazugießen, gut einrühren und bei geöffnetem Deckel den Bratensaft einkochen lassen, bis er eine sirupartige Konsistenz hat. Die Hähnchenschenkel sollten wie glasiert aussehen.

Die Hähnchenschenkel mit den karamellisierten Früchten und ein paar Tropfen alten Balsamicos servieren.

---

* Biofrüchte mit unbehandelter Schale einfach in Spalten schneiden, ohne sie zu schälen. Dann jedoch Zedratzitronen (»Cedri«) bevorzugen, damit der Geschmack nicht zu bitter wird.

Entenbrust-Tajine
mit Feigen und Zitronenmelisse

12 frische, reife blaue
  Feigen
1 Zwiebel, geschält und
  klein geschnitten
Olivenöl
2 EL Rohrohrzucker
1 Bund Zitronenmelisse,
  Blättchen abgezupft
150 ml Lambrusco (oder
  ein anderer junger,
  fruchtiger Rotwein)
4 Entenbrüste
1 Knoblauchzehe
1 Rosmarinzweig
alter Aceto Balsamico
  di Modena
Salz und Pfeffer

Die Feigen von der Spitze her bis zur Mitte einschneiden.

In der Tajine die Zwiebel mit etwas Olivenöl vermischen. Die Feigen darauf setzen, den Rohrohrzucker und die Melissenblätter darüber streuen. Den Lambrusco dazugießen, den Deckel auflegen und zuerst bei niedriger, dann bei mittlerer Hitze kochen, bis die Feigen karamellisiert sind und die Sauce sirupartig eingedickt ist (ca. acht Minuten).

In der Zwischenzeit die Entenbrüste mit der Haut in große Würfel schneiden. In einer beschichteten Bratpfanne die Knoblauchzehe und den Rosmarinzweig in etwas Olivenöl anbraten. Die Entenbrust-Würfel hinzufügen und einige Minuten bei starker Hitze rundum anbraten. Dadurch verliert das Entenfleisch einen großen Teil seines Fetts. Wenn die Würfel schön gebräunt sind, die Entenbrust mit Salz und Pfeffer bestreuen und zum Fertiggaren in die Tajine zu den Feigen geben, damit sich der Geschmack verbinden kann (drei bis vier Minuten).

Zum Servieren die Entenstückchen mit den Melisse-Feigen und Melisse anrichten, mit ein paar Tropfen alten Balsamicos garnieren und nach Geschmack Blätterteig-Fleurons und Mascarpone dazureichen.

Gemüse-Tajine
mit Wachteln und Obst

8 Wachteln,
 küchenfertig
Olivenöl
frische Salbeiblättchen
frische Rosmarinnadeln
Salz und Pfeffer
4 Kirschtomaten
1 Karotte
1 Zucchini
1 Aubergine
1 Zwiebel, geschält
4 kleine frische
 Aprikosen
4 frische Pflaumen
1 Nektarine (noch hart)
1 reifer Pfirsich mit
 gelbem Fruchtfleisch

Die Wachteln säubern und halbieren. Überschüssiges Fett wegschneiden, besonders an der Halspartie. In der Tajine die Wachteln in Olivenöl bei mittlerer Hitze anbraten, ein paar Salbeiblätter und wenige Rosmarinnadeln hinzufügen. Salzen und pfeffern, bei aufgelegtem Deckel ca. 15 Minuten garen. Anschließend die Wachteln in eine Schüssel legen, zudecken und warm stellen. Die Tajine beiseite stellen.

Die Tomaten halbieren und das restliche Gemüse in gleichmäßige Stücke schneiden. In einer Bratpfanne in Olivenöl bei starker Hitze anbraten.

Das Obst entsteinen, die Aprikosen und Pflaumen halbieren, Nektarine und Pfirsich vierteln. Das ganze Obst nun mit etwas Olivenöl in die Tajine geben und ein paar Minuten aufkochen. Das angebratene Gemüse hineingeben, die Wachteln darauf legen, den Deckel schließen und die Tajine vom Herd nehmen, damit der Inhalt noch fünf bis sechs Minuten durchziehen kann.

Die Wachteln mit dem Obst und Gemüse in Portionsschälchen anrichten. Dazu schmeckt z. B. dunkles Bier, das zuvor mit einem Tropfen Limettensaft aromatisiert wurde.

Hähnchenflügel-Tajine mit Himbeeressig, Knoblauch und Minze

24 Hähnchenflügel
Olivenöl
3 Knoblauchzehen,
    geschält
1 kleiner Rosmarinzweig
100 g frische Himbeeren
50 ml weißer Balsamico
Minzblätter
natives Olivenöl
3 Kartoffeln, geschält
Gemüsebrühe
Salz und Pfeffer
1 große Aubergine
1–2 kleine Thymian-
    zweige

Die Hähnchenflügel in Stücke teilen und in der Tajine mit etwas Olivenöl warm werden lassen. Zwei Knoblauchzehen durchpressen und mit dem Rosmarinzweig zu den Hähnchenflügeln geben. Zunächst bei schwacher Hitze anbraten, erst später die Temperatur etwas höher schalten, um die Flügel etwas mehr zu bräunen. Sie sind nach ca. 30 Minuten fertig, wenn das Fleisch sich vom Knochen löst. Hähnchenflügel herausnehmen, beiseite stellen und abkühlen lassen. Die Tajine für die Kartoffeln bereithalten.

Die Hälfte der Himbeeren mit dem weißen Balsamico mixen und durch ein feines Sieb abseihen und die Flüssigkeit aufheben.

Die Minze in feine Streifen schneiden, die restliche Knoblauchzehe fein hacken und beides zur Himbeer-Essig-Mischung geben. Mit kaltgepresstem Olivenöl glatt rühren und über die kalten Hähnchenflügel verteilen.

Die Kartoffeln in größere Würfel schneiden, kurz waschen und mit Küpchenpapier abtrocknen. Mit Olivenöl in der Tajine anbraten. Etwas Gemüsebrühe angießen, mit Salz und Pfeffer abschmecken, den Deckel auflegen und ca. 10 Minuten zu Ende garen. Sie sollten weich sein, aber noch nicht zerfallen.

In der Zwischenzeit die Aubergine in größere Würfel schneiden, in eine ofenfeste Form geben, mit etwas Olivenöl übergießen, Thymian dazulegen und bei 170 °C im Backofen 15 Minuten garen. Anschließend zu den Kartoffeln in die Tajine geben und etwas abkühlen lassen. Das lauwarme Gemüse mit den kalten Hühnerflügeln belegen, nach Geschmack mit den restlichen Himbeeren garnieren und servieren.

Lammkeule mit Kartoffeln und »Farofa« aus geriebenem Brot

4 große Kartoffeln
Olivenöl
1 Zweig Rosmarin
Salz und Pfeffer
1 große Zwiebel, geschält
600 g Lammkeule,
  in Stücke geschnitten
1 TL Koriandersamen
2 Lorbeerblätter

Farofa aus
geriebenem Brot*
200 g Weißbrot,
  frisch gerieben
Olivenöl
1 Knoblauchzehe,
  geschält und fein
  gehackt
Thymian, gerebelt
Oregano, gerebelt
Salz und Pfeffer

Die Kartoffeln schälen und in große Würfel schneiden. Kartoffelwürfel kurz mit Wasser waschen und mit Küchenkrepp abtrocknen.
Kartoffelwürfel in etwas Olivenöl mit dem Rosmarinzweig in der Tajine bei mittlerer Hitze goldbraun anbraten. Nach ca. zehn Minuten mit Salz und Pfeffer würzen und beiseite stellen.

Die Zwiebel klein hacken und mit etwas Olivenöl in die Tajine geben. Sobald sie weich und glasig ist, das Fleisch hinzufügen, salzen und pfeffern, Koriandersamen und Lorbeerblätter dazugeben. Den Deckel auflegen und bei niedriger Hitze 20–30 Minuten garen (bei Bedarf etwas Wasser oder Brühe hinzufügen, damit das Fleisch nicht austrocknet). Wenn das Fleisch weich ist, die Kartoffeln dazugeben und mischen, damit sie das Fleischaroma aufnehmen, und noch ein paar Minuten weiterkochen. Denken Sie daran, dass der Inhalt der Tajine auch dann noch weiterkocht, wenn sie bereits vom Herd genommen wurde, da die Tajine die Hitze sehr lange speichert.

Brot-»Farofa«

In einer Bratpfanne die Weißbrotbrösel mit etwas Olivenöl, Knoblauch, Thymian, Oregano, Fenchelsamen, Salz und Pfeffer zusammen anrösten. Wenn die Masse golden gebräunt ist, ist sie fertig.
Kurz vor dem Servieren die Weißbrot-»Farofa« über das Lammfleisch streuen.

---

* *Farofa:* Eine brasilianische Spezialität, die aus Maniokmehl, meist angeröstet mit Butter und gewürzt mit Salz, besteht. In der Konsistenz ist diese Beilage ähnlich wie Polenta. In diesem Rezept wird Maniokmehl durch geriebenes Brot ersetzt.

Kalbsschnitzelchen mit Salbei, Schinken und Bier-Sauce

500 g Kalbslende,
in ca. 20 dünne
Scheiben geschnitten
1 Scheibe roher
Schinken pro
Schnitzelchen
1 Salbeiblatt pro
Schnitzelchen
Olivenöl
Salz und Pfeffer
3 rote Zwiebeln, geschält
1 Butterstückchen
330 ml dunkles Bier
edelsüßes Paprikapulver,
nach Geschmack

Die Kalbfleischscheiben zu dünnen Schnitzelchen klopfen und gegebenenfalls zurechtschneiden, damit sie gleich groß werden. Jeweils eine Scheibe rohen Schinken und ein Salbeiblatt darauf legen und diese mit einem Zahnstocher feststecken.

Etwas Olivenöl in einer Bratpfanne erhitzen und die Schnitzelchen drei bis vier Minuten von beiden Seiten anbraten. Salzen und pfeffern, dann herausnehmen und beiseite stellen.

Die Zwiebeln in dünne Spalten schneiden, mit einem Stück Butter und dem dunklen Bier in die Tajine geben. Bei kleiner Flamme sechs bis acht Minuten bissfest dünsten.

Die Schnitzelchen auf die Zwiebeln legen, mit etwas Paprikapulver bestreuen und bei aufgelegtem Deckel noch ein paar Minuten weitergaren lassen.

Zum Servieren die Scheibchen übereinander legen und mit den Zwiebeln anrichten. Gegrillte Polenta-Scheiben sind eine passende Beilage.

Tajine mit Hackfleisch-Bällchen, mit Zucchini und Minze

Couscous
250 ml Wasser
100 ml Olivenöl
Salz
200 g Instant-Couscous
1 Stückchen Butter
1 Bund Schnittlauch, in
   Röllchen geschnitten

Hackfleisch-Bällchen
400 g Hackfleisch vom
   Schwein, durch die
   feine Scheibe gedreht
1 Ei
2 Knoblauchzehen,
   geschält und fein
   gehackt
1 kleiner
   Rosmarinzweig,
   Nadeln fein gehackt
200 g gehobelte
   Mandeln
150 g Weißbrot,
   frisch gerieben
Olivenöl
Salz und Pfeffer
4 Zucchini
6 Minzblätter
natives Olivenöl

Couscous

Für den Couscous in einer großen Stielkasserole Wasser, Olivenöl und Salz zum Kochen bringen. Stielkasserole vom Herd nehmen und den Couscous vorsichtig einrühren. Zudecken, damit die Couscous-Körnchen durchziehen und die Flüssigkeit aufnehmen können. Etwas Butter hinzufügen, wieder auf den Herd stellen und noch drei bis vier Minuten weiterkochen lassen. Dabei mehrmals mit einer Gabel umrühren, damit der Couscous locker wird.

Hackfleischbällchen

In einer Schüssel das Hackfleisch mit dem Ei, einer gehackten Knoblauchzehe und dem gehackten Rosmarin gut vermischen. Hände mit kaltem Wasser anfeuchten und aus der Masse kleine Bällchen formen, leicht in Form drücken.
Die Weißbrotbrösel mit den Mandeln mischen und die Fleischklößchen so darin rollen, dass ihre ganze Oberfläche bedeckt ist.
Etwas Olivenöl in die Tajine geben und die Klößchen darin anbraten. Wenn sie leicht braun sind, mit Salz und Pfeffer bestreuen, herausnehmen und beiseite stellen.

Die Zucchini grob würfeln, mit dem restlichen Knoblauch und den Minzblättern würzen und im Fett der Fleischbällchen in der Tajine fünf bis sechs Minuten garen. Die Hackfleischbällchen auf das Zucchinigemüse legen, mit etwas kaltgepresstem Olivenöl überziehen, den Deckel auflegen und das Gericht noch vier bis fünf Minuten fertig kochen.

Aus der Tajine servieren und den Couscous, über den Schnittlauchröllchen gestreut wurden, als Beilage dazu reichen.

Lamm-Tajine
mit Trockenfrüchten und Kokos

200 g Pancetta oder
  durchwachsener
  Bauchspeck, in kleinen
  Würfeln
Olivenöl
2 Knoblauchzehen
1 kleiner Rosmarinzweig
16 Lammkoteletts
12 getrocknete
  Aprikosen
8 getrocknete Datteln,
  entkernt
1 Glas grüner Tee,
  ca. 150 ml
150 g gemischte Nüsse
  (Cashews, Walnüsse,
  Mandeln und
  Pistazien)
Salz und Pfeffer
3 EL Zitrusblütenhonig
1 Zitrone, Saft
100 g Kokosflocken
1 Aromarose aus bio-
  logischem Anbau
  (z. B. Damas-
  zenerrose),
  Blütenblätter

In der Tajine den Bauchspeck mit etwas kaltgepresstem Olivenöl, dem ungeschälten Knoblauch und dem Rosmarin anbraten. Die Lammkoteletts dazugeben und in fünf bis sechs Minuten rosa braten. Wenn sie fast fertig sind, die Aprikosen, Datteln und den grünen Tee dazugeben. Den Deckel auflegen und noch ein paar Minuten weiterkochen.

Die gemischten Nüsse in die Tajine geben, salzen, pfeffern und nach wenigen Minuten den Honig und Zitronensaft hinzufügen. Den Deckel wieder schließen, die Tajine vom Herd nehmen und sieben bis acht Minuten ziehen lassen.

Kurz vor dem Servieren Kokosflocken darüber streuen (etwas davon für die Dekoration der Teller zurückbehalten) und die Rosenblätter darüber verteilen. Nochmals den Deckel aufsetzen, damit sich die Aromen verbinden können.

Zum Servieren die Koteletts mit dem Bratfond übergießen, gegarte Trockenfrüchte und Nüsse daneben anrichten und die Teller mit Kokosflocken bestreuen. Ein naturtrübes Bier ist ein passendes Getränk dazu.

Pilz-Tajine mit Würsten und geschmolzenem Käse

600 g frische gemischte Pilze (Steinpilze, Pfifferlinge, Hallimasch, Butterpilze etc.)
200 g geräucherter Bauchspeck
1 Bund Petersilie, Blätter
1 kleiner Zweig Rosmarin, Nadeln abgestreift
4–5 Salbeiblätter
8 würzige Schweinsbratwürste, z. B. Salsicce
Olivenöl
1 Knoblauchzehe, geschält und fein gehackt
150 ml Brühe
4 kleine geräucherte Scamorza-Käse (oder geräucherter Ricotta)
geräuchertes Meersalz

Die Pilze sorgfältig putzen, mit einer feinen Bürste alle Spuren von Erde entfernen und je nach Größe halbieren oder vierteln.
Den Bauchspeck in Würfel schneiden. Die Kräuter klein hacken.
Die Würste in mundgerechte Stücke schneiden und die Wursthaut mit einer Gabel einstechen.

Etwas Olivenöl, Knoblauch und Speckwürfel in die Tajine geben und bei schwacher Hitze anbraten. Sobald der Speck Farbe annimmt, die Pilze dazu geben und unter höherer Hitzezufuhr weiter braten.

Die gehackten Kräuter hinzufügen und nach ca. fünf Minuten wieder auf niedrige Hitze zurückschalten. Die Brühe angießen, die Wurststückchen hineinlegen, den Deckel schließen und fünf bis sieben Minuten fertig garen.

Die Tajine öffnen, den in Scheiben geschnittenen Käse auflegen, eine Prise geräuchertes Salz darüberstreuen und den Deckel erneut schließen. Hitzezufuhr etwas erhöhen und zwei bis drei Minuten weiterkochen, bis die Käsescheiben geschmolzen sind.

Nach Belieben mit Bruschetta servieren: Dazu Weißbrotscheiben rösten, Oberfläche mit Knoblauch einreiben und mit gehackter Tomate und z. B. Basilikum belegen.

Rindfleisch-Tajine mit Löwenzahn

3 Bund Löwenzahn
3–4 Knoblauchzehen, geschält und klein gehackt
1 rote Chilischote, halbiert, Kerne entfernt und fein gehackt
4 EL Tomatenmark
Olivenöl
Salz und Pfeffer
ca. 150 ml Wasser
800 g Rinderrostbraten, in große Würfel geschnitten

Den Löwenzahn waschen und in kleine Stücke schneiden. Löwenzahnstücke, Knoblauchzehen, Chili, Tomatenmark und etwas Olivenöl in die Tajine geben, salzen und pfeffern und gut vermischen. Ein Glas Wasser dazugießen, den Deckel auflegen und unter kleiner Hitzezufuhr ca. 45 Minuten köcheln. Bei Bedarf noch Wasser angießen, falls der Inhalt der Tajine zu trocken werden sollte.

In einer beschichteten Bratpfanne die Fleischwürfel in etwas Olivenöl rundherum braun anbraten und auf dem Löwenzahngemüse in der Tajine verteilen. Noch fünf bis sechs Minuten weitergaren. Die Tajine ist fertig, sobald die Flüssigkeit einreduziert ist. Darauf achten, dass sie nicht ganz eintrocknet.

Tajine mit Kaninchenbällchen in Zitronen-Rosmarin-Creme

400 ml Sahne
1 Bio-Limette,
   Schale unbehandelt
3 Basilikumblätter
2 Knoblauchzehen,
   geschält und
   durchgepresst
Salz und Pfeffer
600 g Kaninchenfleisch
   aus der Keule
1 Weißbrotscheibe,
   in etwas Milch
   eingeweicht
1 Ei
Currypulver
200 g Weißbrot, frisch
   gerieben, oder feine
   Semmelbrösel
Olivenöl
1 kleiner Rosmarinzweig
150 g gesalzene
   Pistazien, gehackt
Muskatnuss, frisch
   gerieben

In die Tajine Sahne, Julienne-Streifen der Limettenschale, die in kleine Stücke gezupften Basilikumblätter und den Knoblauch geben. Ein paar Minuten bei schwacher Hitze einkochen lassen. Mit Salz und Pfeffer würzen und solange köcheln, bis die Sauce cremig wird.

Das Kaninchenfleisch zweimal durch die feine Scheibe des Fleischwolfs drehen. Das Brot gut ausdrücken und zerkrümeln und mit dem Ei und einer Prise Curry dazugeben. Gut verkneten und kleine runde Bällchen formen. Die Bällchen in Brotbröseln wenden und in einer Bratpfanne mit Olivenöl und dem eingelegten Rosmarinzweig rundum anbraten. Die Fleischbällchen salzen und pfeffern und aus der Pfanne nehmen.

Die Bällchen zur Sauce in die Tajine geben, mit den Pistazien bestreuen, etwas Muskatnuss darüber reiben, gut mischen und heiß aus der Tajine servieren.

Tajine mit Schweinekoteletts und Risottopuffern

Risottopuffer
1 Stückchen Butter
1 Schalotte, geschält und
　fein gehackt
200 g Carnaroli-Reis
150 ml trockener
　Weißwein
1/2 l Fleischbrühe, erhitzt
150 g Parmesan, gerieben
natives Olivenöl
Olivenöl

1 kleine Karotte
1 kleine Zwiebel, geschält
1 Stängel Staudensellerie
Olivenöl
2 Knoblauchzehen,
　geschält
4 Schweinekoteletts
4 kleine würzige,
　leicht geräucherte
　Schweinswürste,
　z. B. Salsicce
150 g grüner Speck
　oder frischer, durch-
　wachsener Bauchspeck,
　in Scheiben geschnitten
4 Kirschtomaten
2 EL Tomatenmark
1 Prise Safranfäden
1/2 l Fleischbrühe
Salz und Pfeffer

Risottopuffer

In einem weiten Topf Butter schmelzen und Schalotte darin anschwitzen. Sobald sie glasig wird, den Reis dazugeben. Unter Rühren kurz anbraten, dann den Wein angießen und einreduzieren lassen. Dann unter ständigem Rühren schöpflöffelweise die heiße Fleischbrühe zugießen, d. h. sobald die Flüssigkeit eingezogen ist, weitere Brühe zugießen. Nach ca. 18 Minuten ist der Risotto fertig. Den Topf vom Herd nehmen, den Parmesan untermischen und mit einigen Tropfen kaltgepressten Olivenöls abrunden.

Wenn der Risotto abgekühlt ist, nacheinander vier Risottopuffer ausbacken: Etwas Öl in einer beschichteten Bratpfanne erhitzen, portionsweise den Reis hinein geben und etwas andrücken, dass er zu einer Scheibe wird. Von beiden Seiten gut bräunen und warm stellen.

In der Zwischenzeit Karotte, Zwiebel und Staudensellerie in kleine Würfel schneiden.

In der Tajine das Gemüse mit etwas Olivenöl und den Knoblauchzehen anbraten und den Deckel auflegen. Wenn das Gemüse weich ist, Koteletts, Bratwürste (Haut vorher mit einer Gabel einstechen), Speckscheiben, Kirschtomaten, Tomatenmark und Safranfäden dazugeben und mit der Fleischbrühe auffüllen.

Den Deckel auflegen und bei niedriger Hitze ca. 30 Minuten durchgaren. Ab und zu kontrollieren, damit der Bratenfond nicht zu trocken wird. Bei Bedarf etwas Fleischbrühe nachgießen. Wenn das Fleisch beginnt, sich vom Knochen zu lösen, ist die Tajine fertig. Zum Schluss mit Salz und Pfeffer abschmecken.

Die gebratenen Risottopuffer zur Tajine servieren.

Tajine mit eingelegten Früchten und Honig

100 g feiner Zucker
200 ml Wasser
essbare Blüten, z. B.
  Rosenblütenblätter,
  Jasmin- oder
  Holunderblüten
1 Msp. Zitronensäure
  (aus der Apotheke)
8 getrocknete Aprikosen
4 getrocknete Pflaumen,
  entsteint
4 Datteln, entkernt
4 frische Feigen
4 getrocknete
  Ananasscheiben
1 ungeschälte
  Williamsbirne,
  geviertelt
1 gelbfleischiger
  Pfirsich, ungeschält,
  in Stücke geschnitten
4 frische rote Pflaumen
150 g Sultaninen
200 g gemischte
  Nüsse (Walnüsse,
  Haselnüsse, Pistazien,
  Pinienkerne und
  Mandeln)
3 EL Blütenhonig

In einem Topf mit dickem Boden Wasser und Zucker zum Kochen bringen und solange kochen, bis der Zucker völlig aufgelöst ist. Von der Herdplatte nehmen, den Sirup abkühlen lassen und die Blütenblätter ganz nach Geschmack hinein geben (ein paar zum Garnieren kühl aufbewahren). Die Zitronensäure hinzufügen (das verhindert die Schimmelbildung, die sonst auftreten könnte) und 48 Stunden ziehen lassen. Dann den Sirup abseihen.

Alle Früchte und Nüsse in die Tajine geben, den vorbereiteten Sirup darüber gießen und den Honig einrühren. Den Deckel schließen und bei niedrigster Hitze sechs bis sieben Minuten köcheln, bis das Obst weich und wie glasiert ist.

Kurz vor dem Servieren das Obst mit den zurückgehaltenen Blüten garnieren. Bourbon-Vanilleeis ist eine gute Ergänzung dazu.

Rezeptverzeichnis